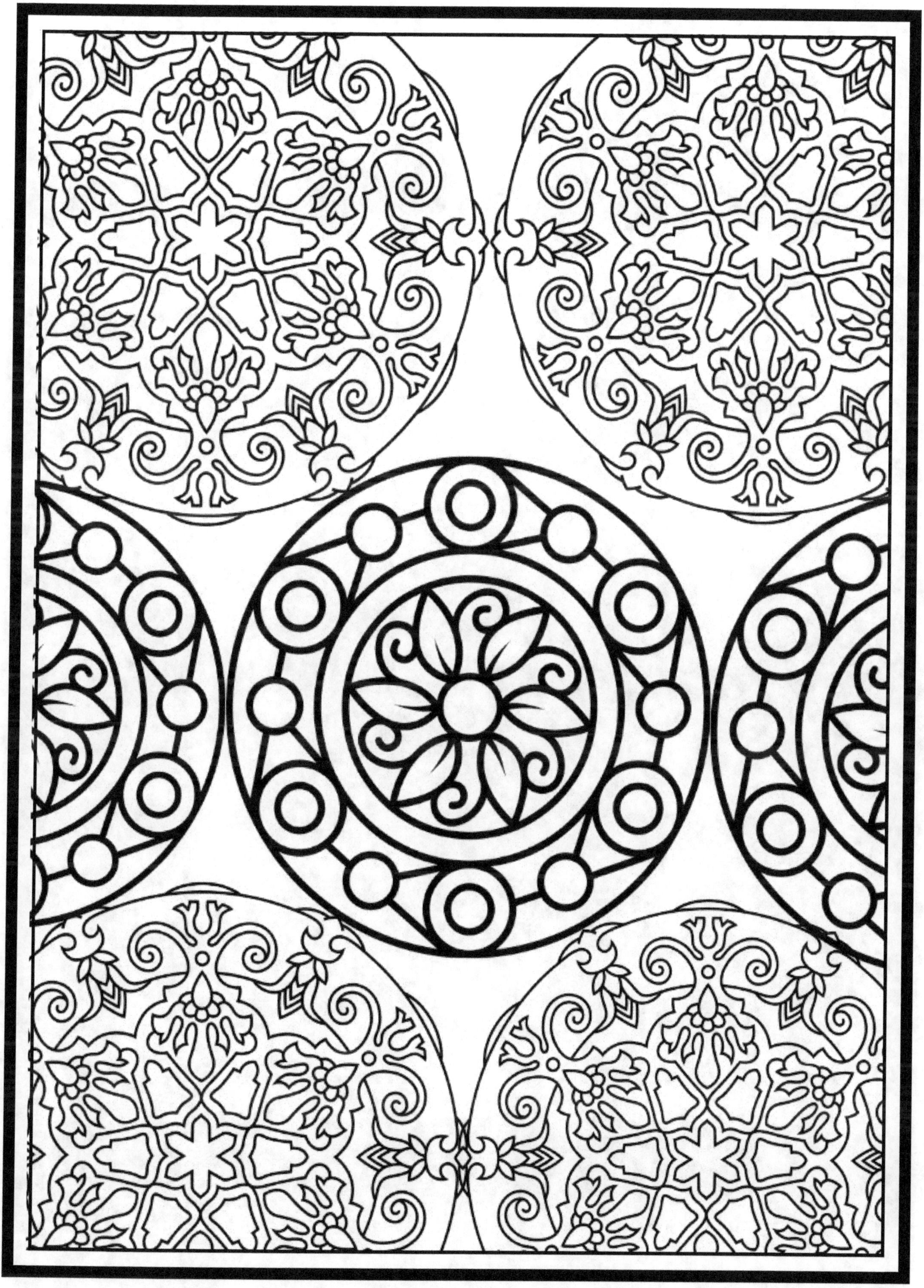

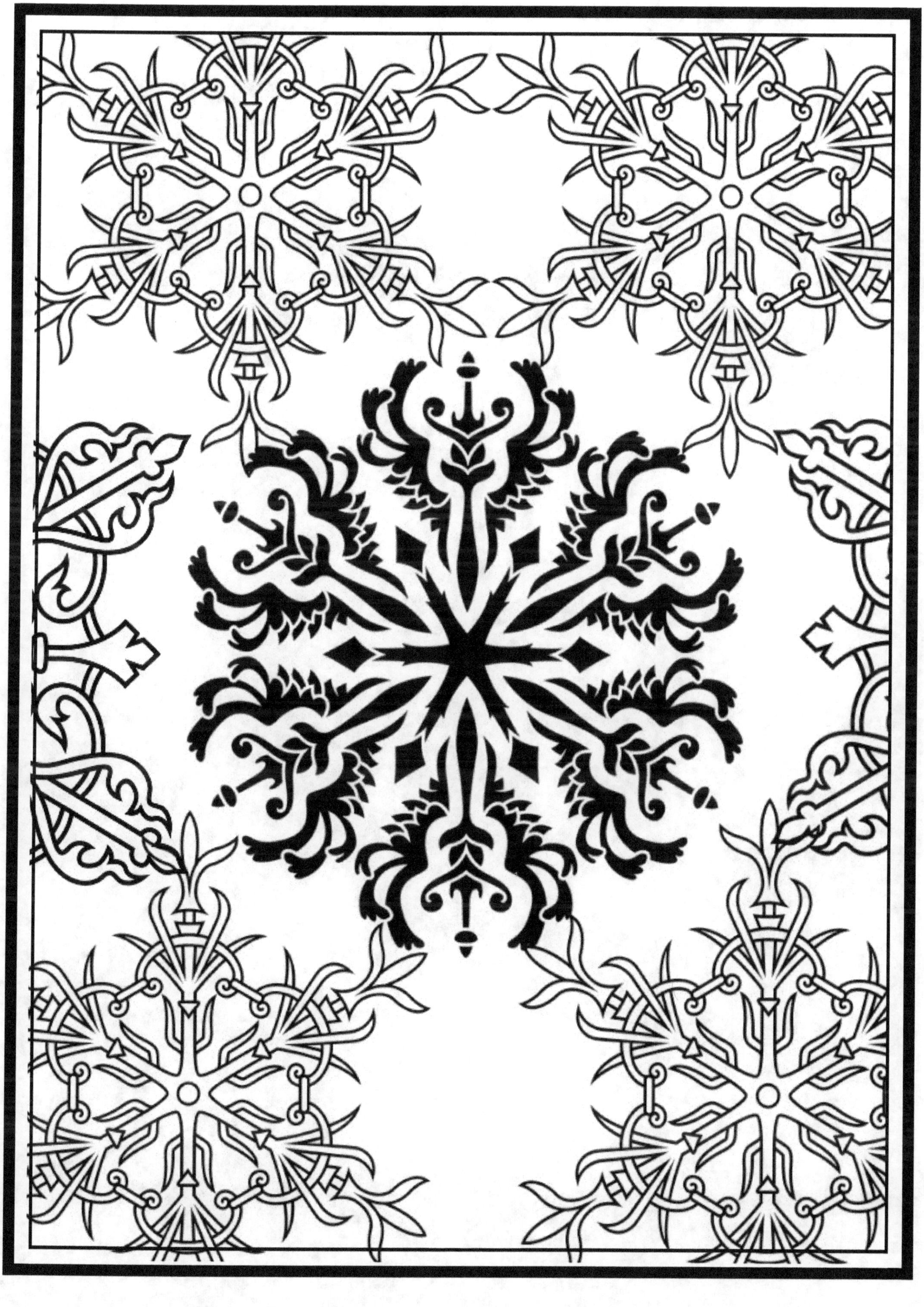

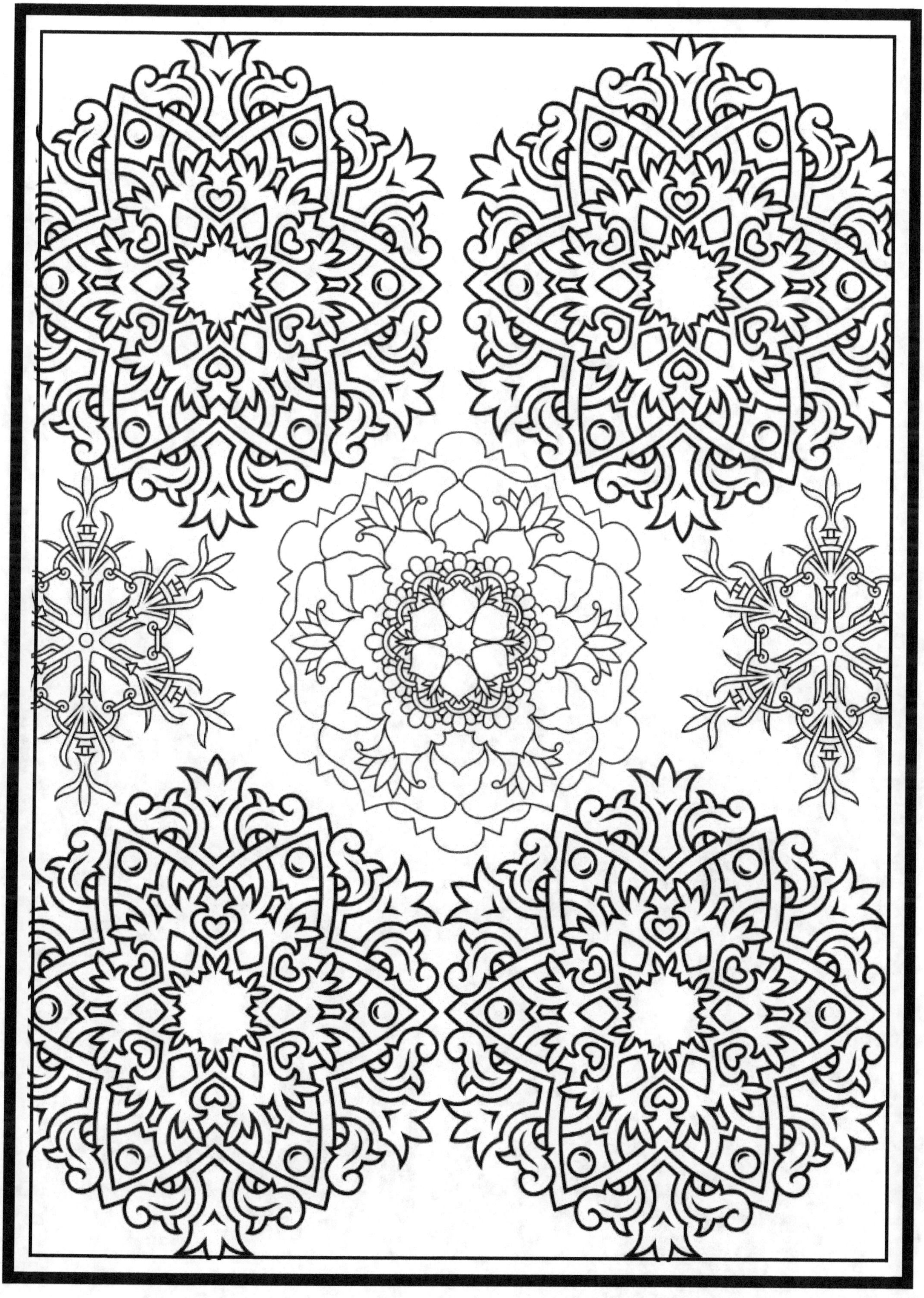

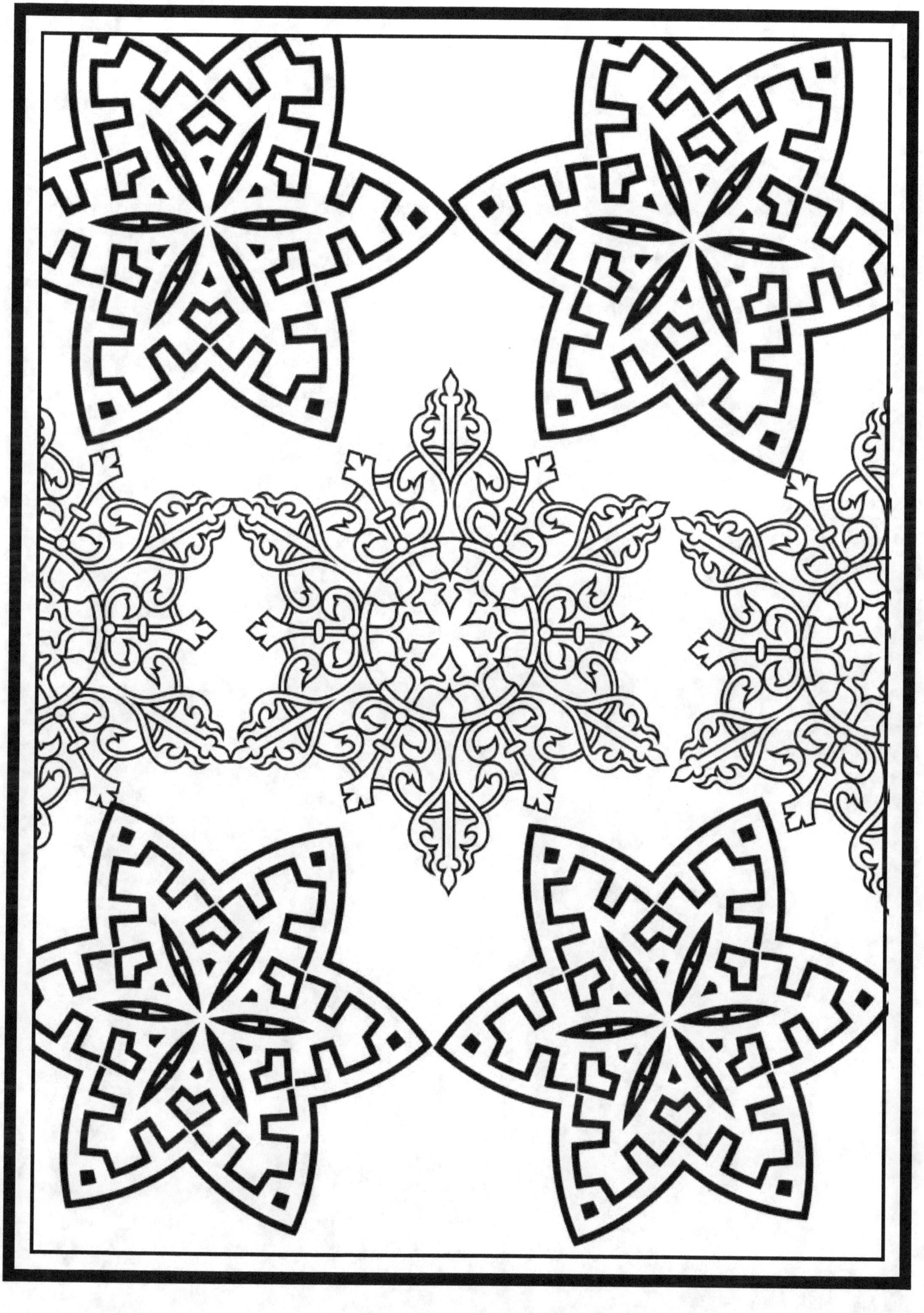

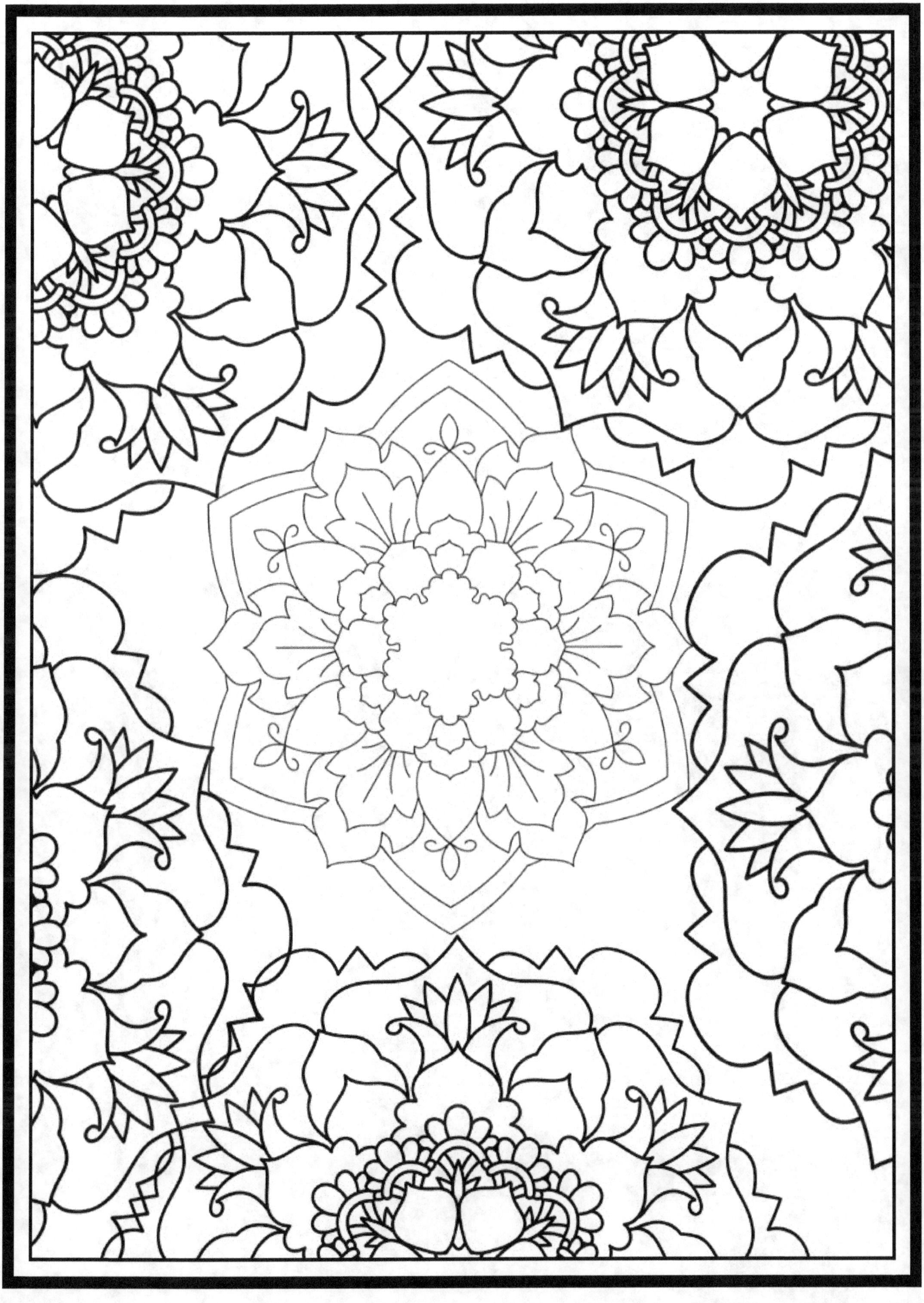

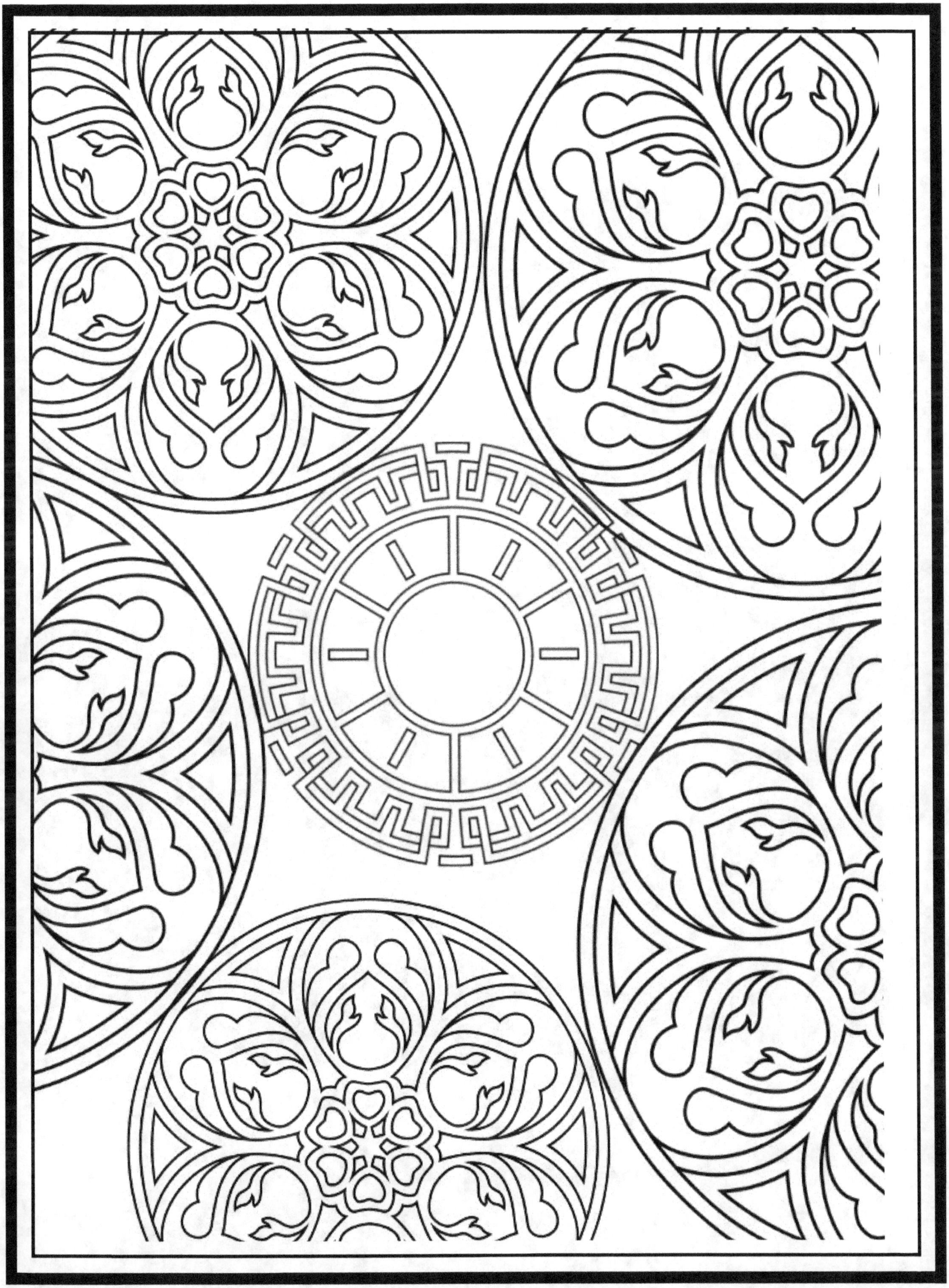

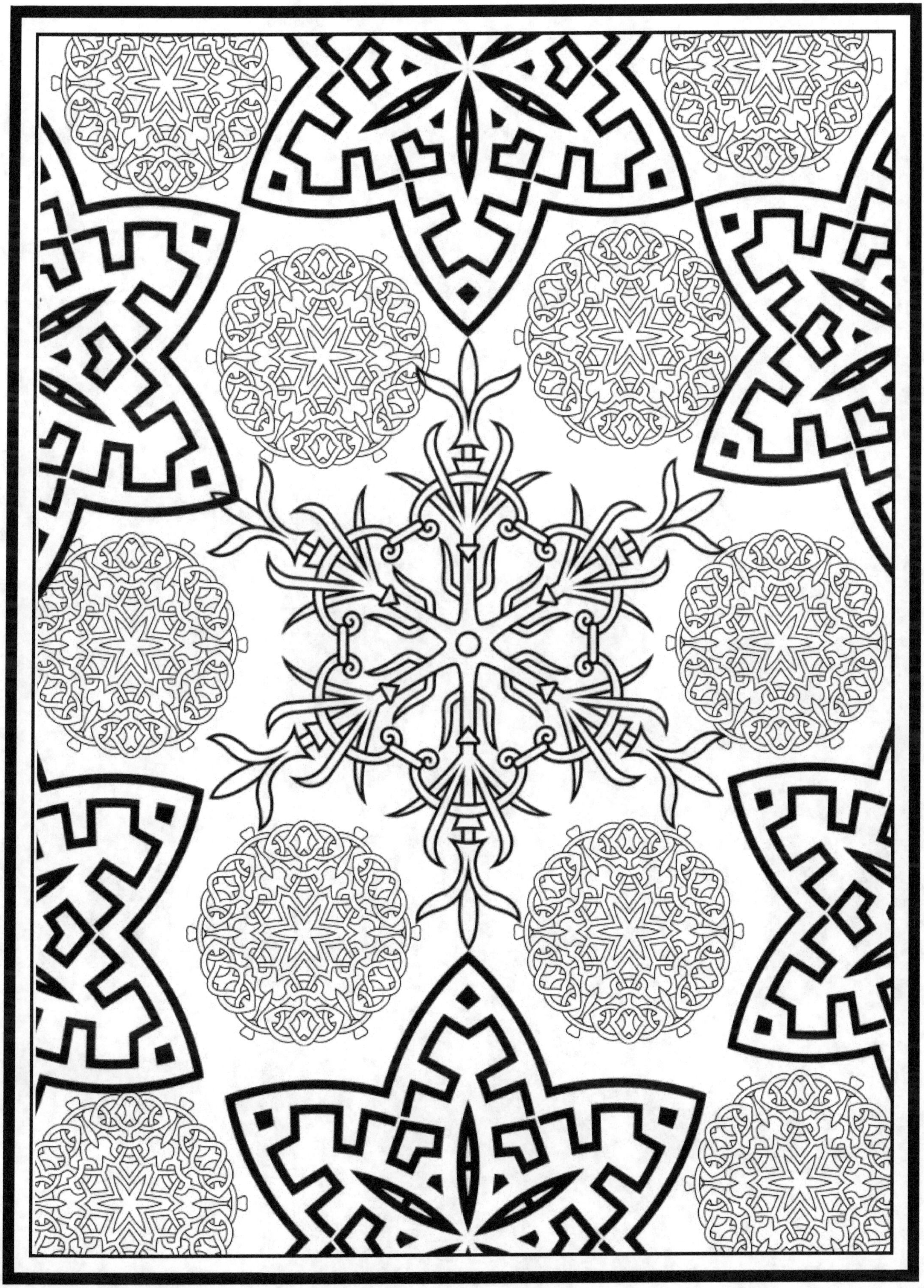

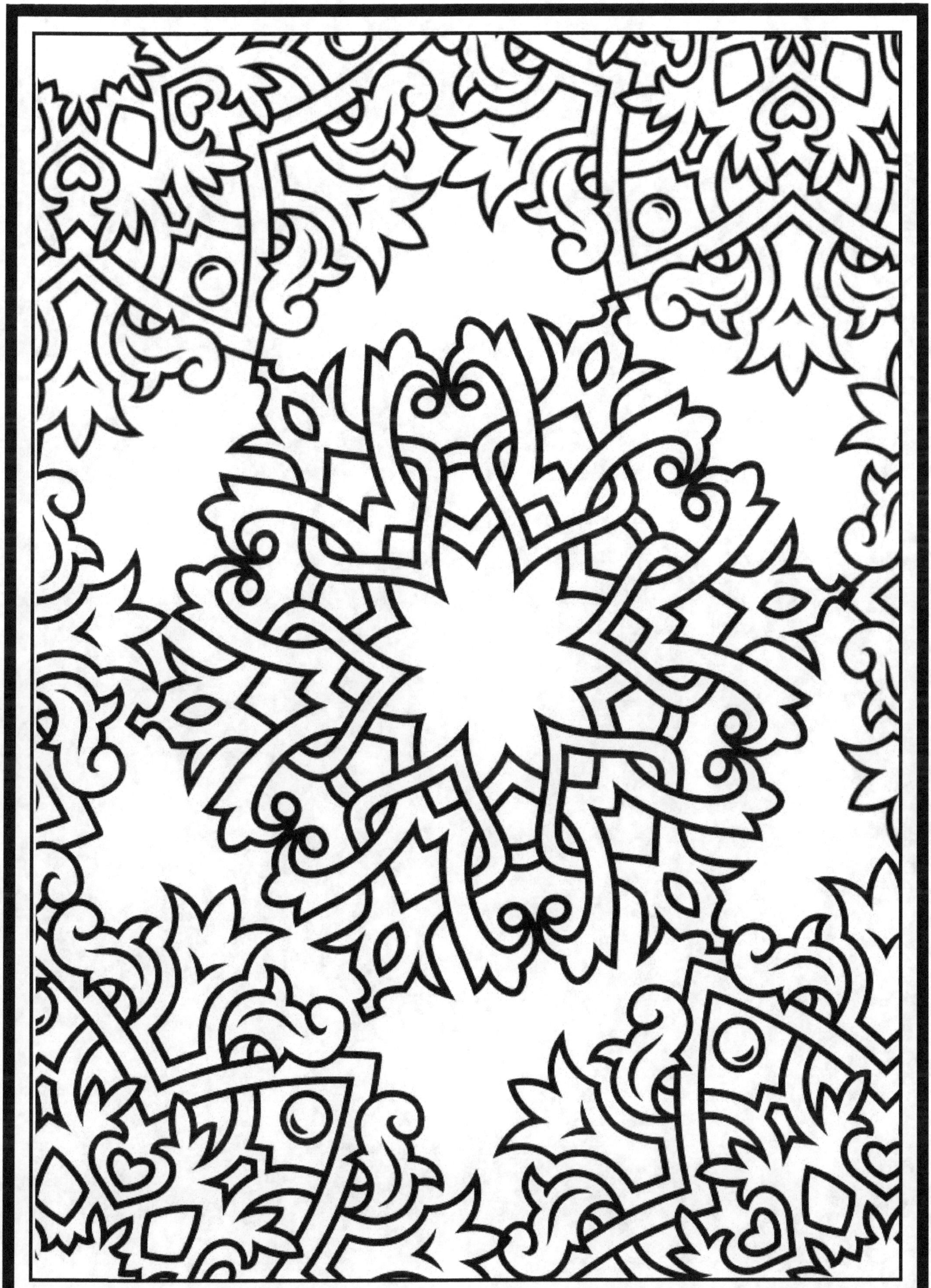

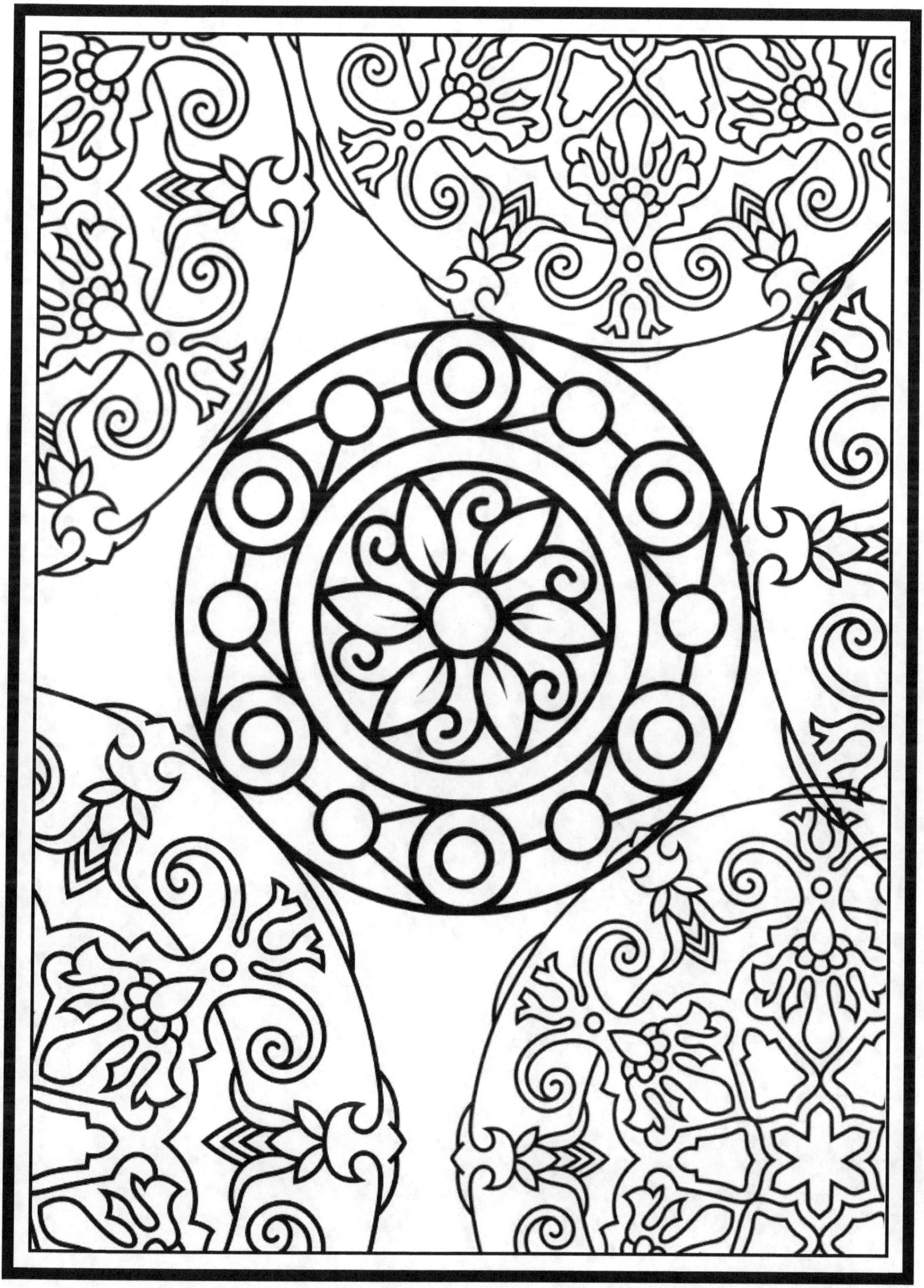

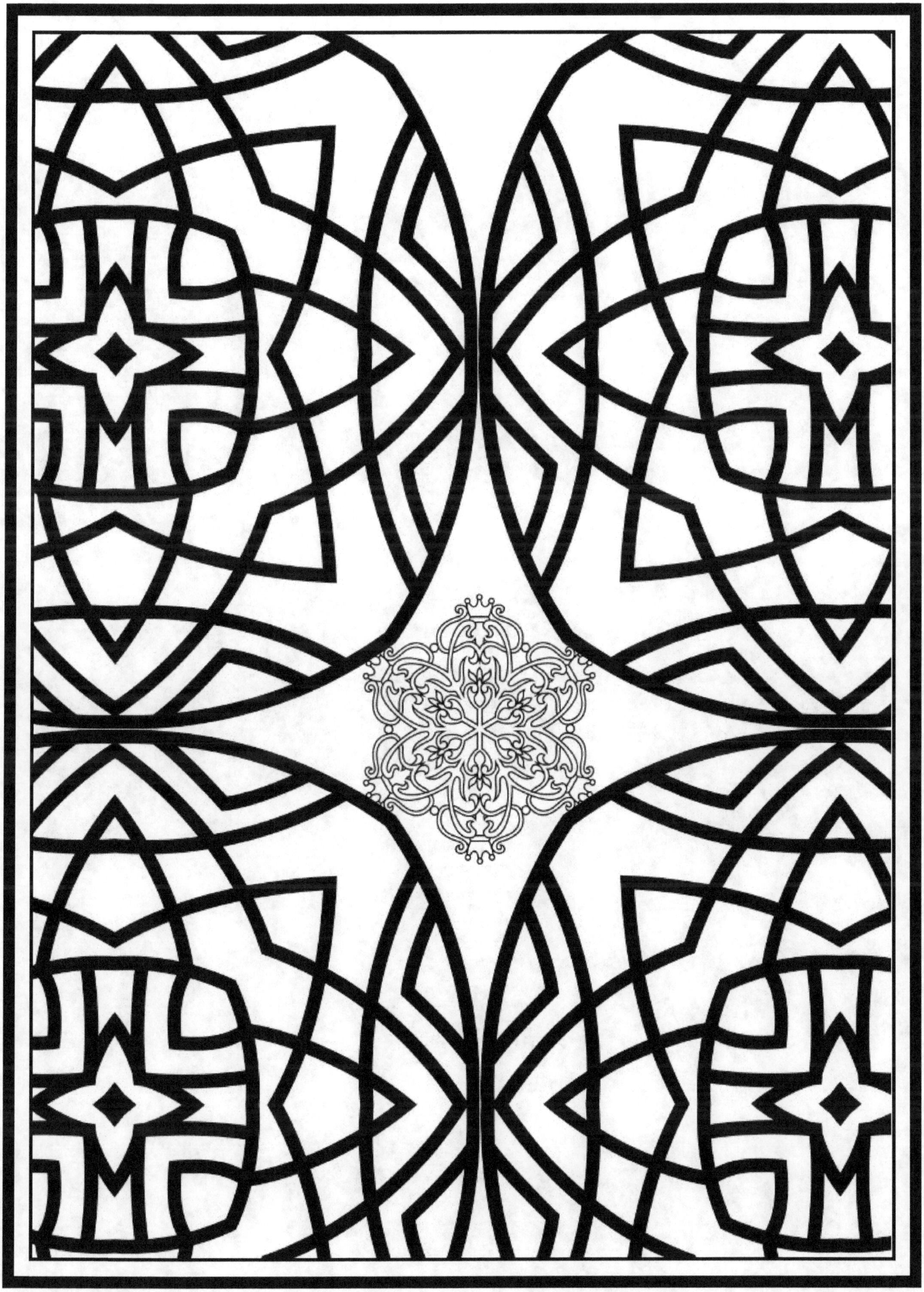

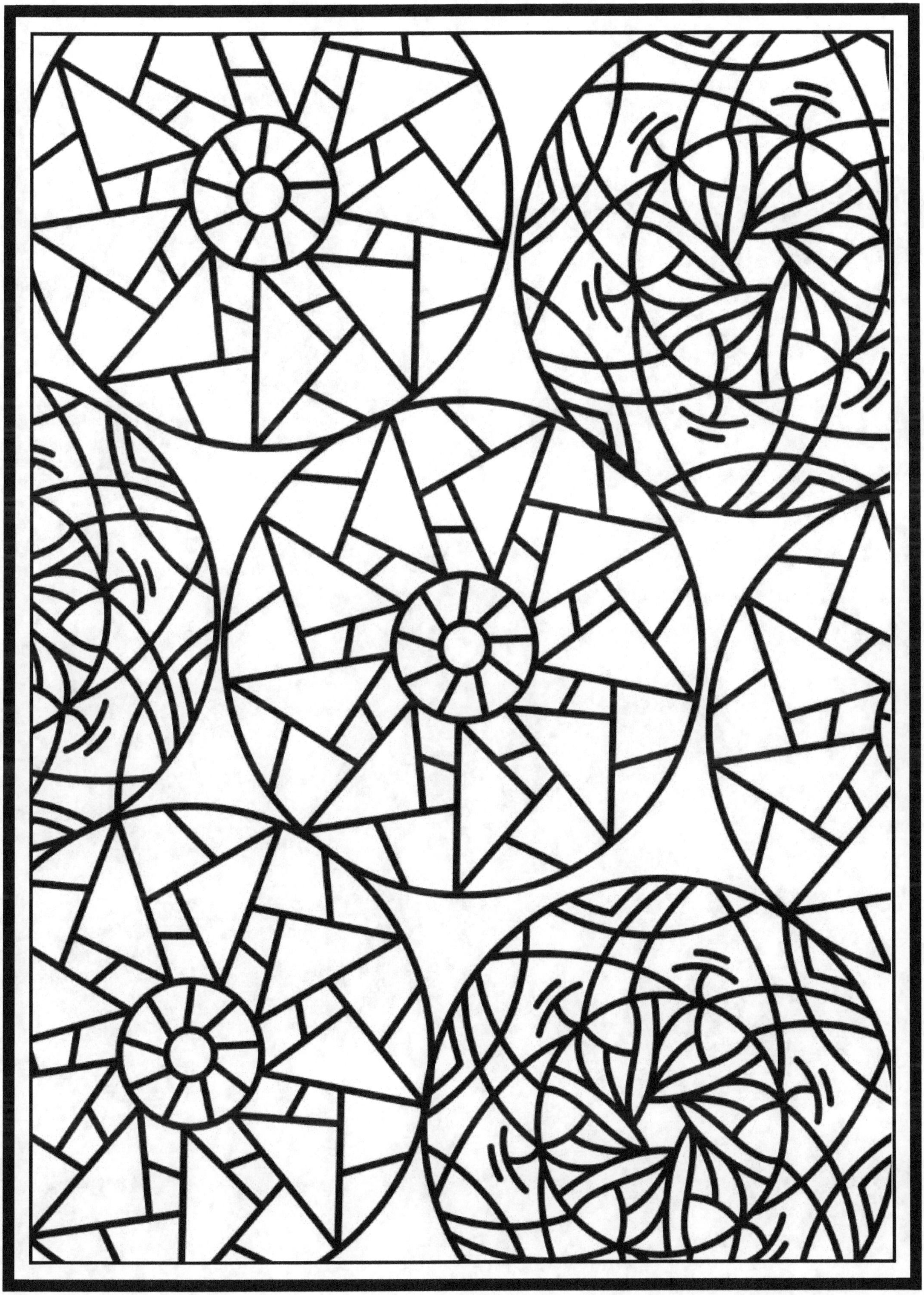

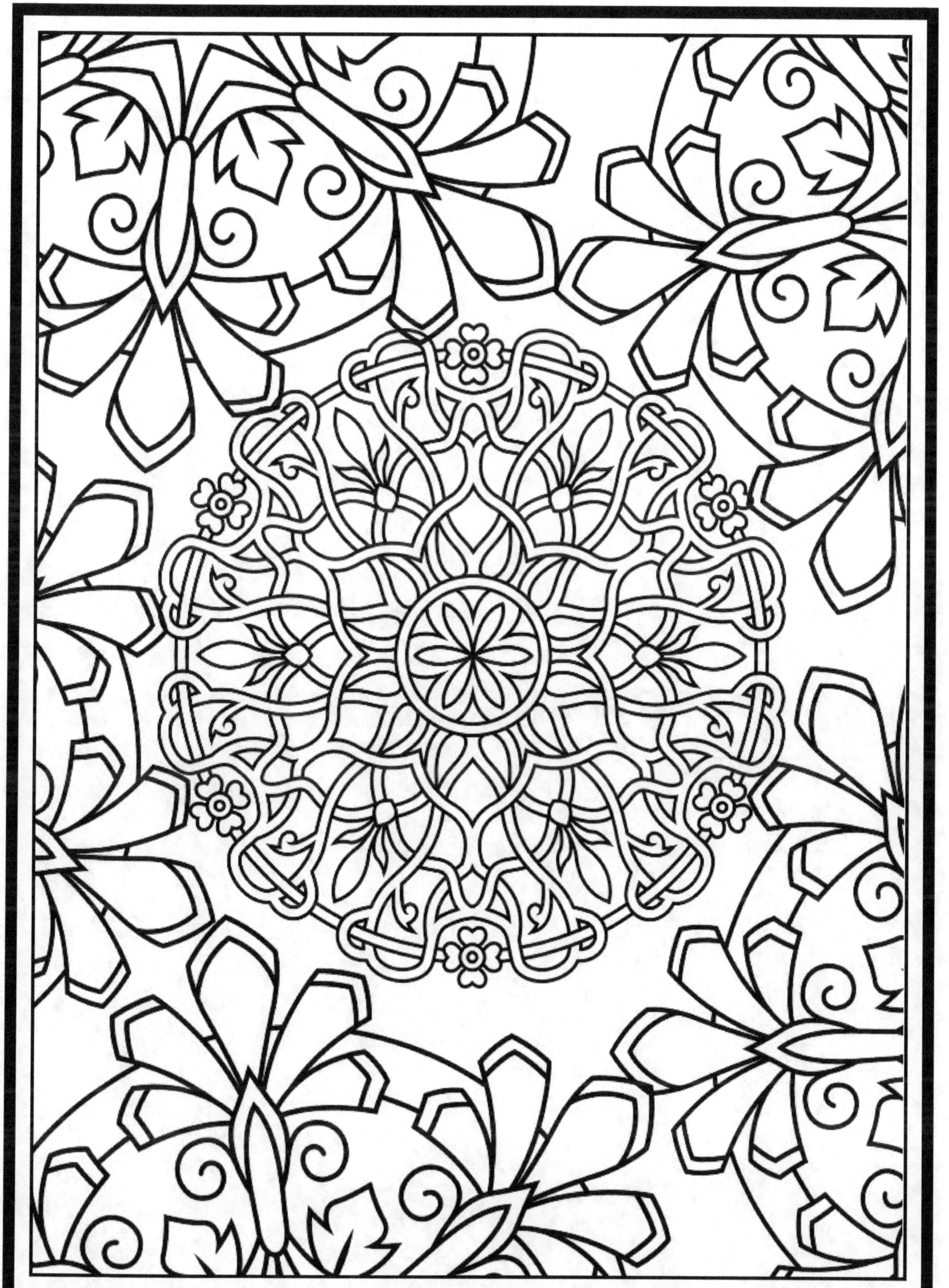

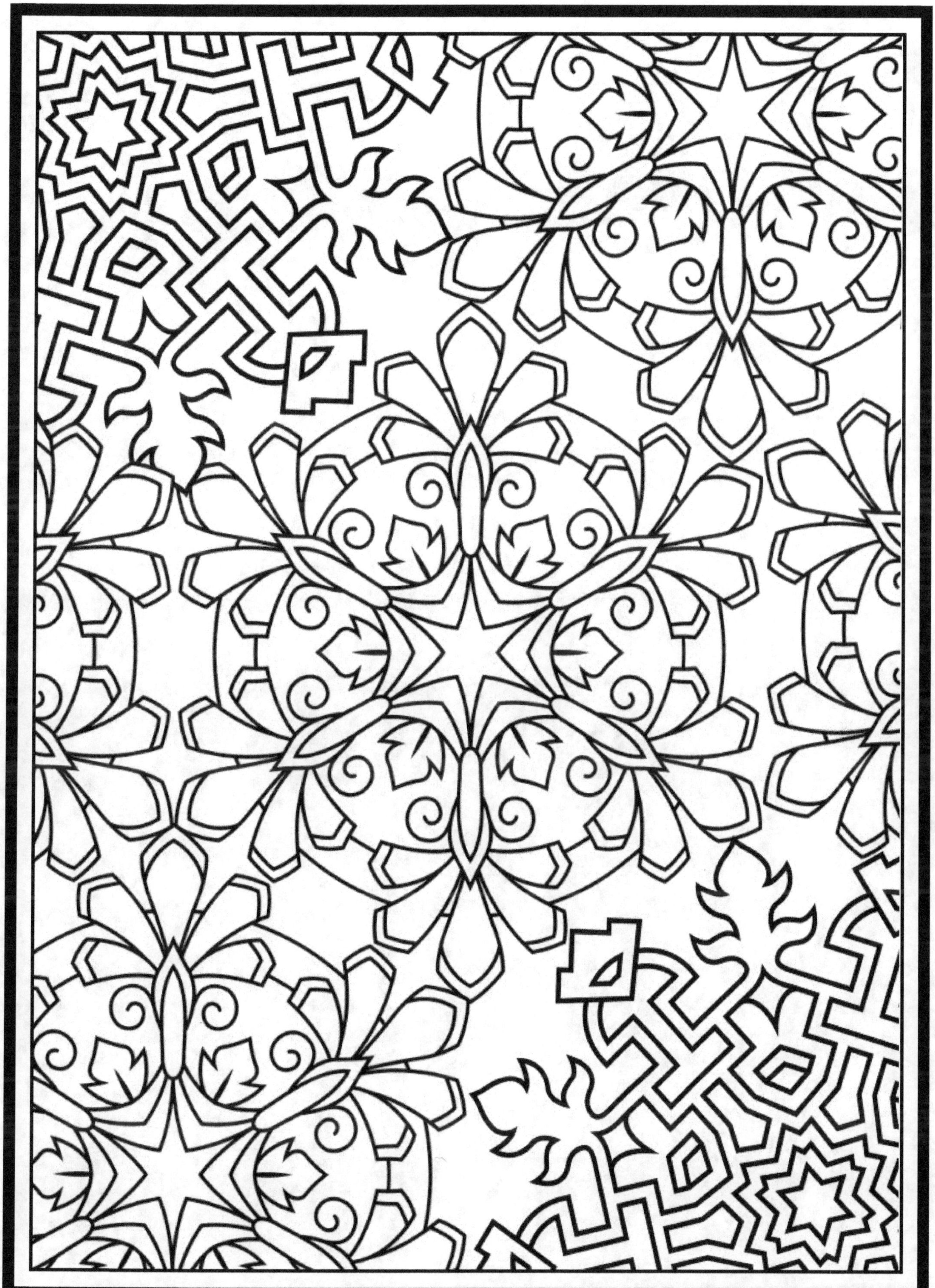

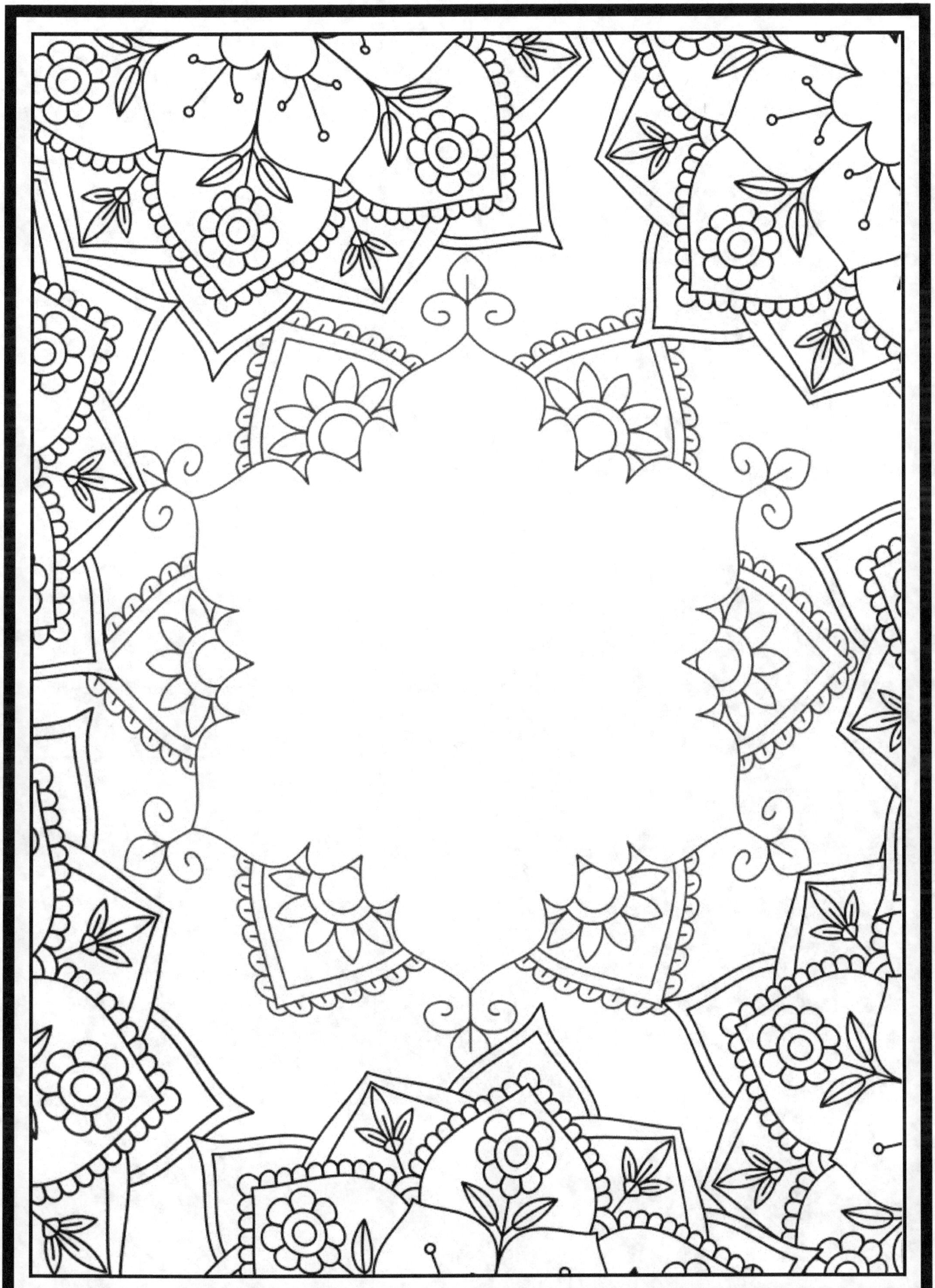

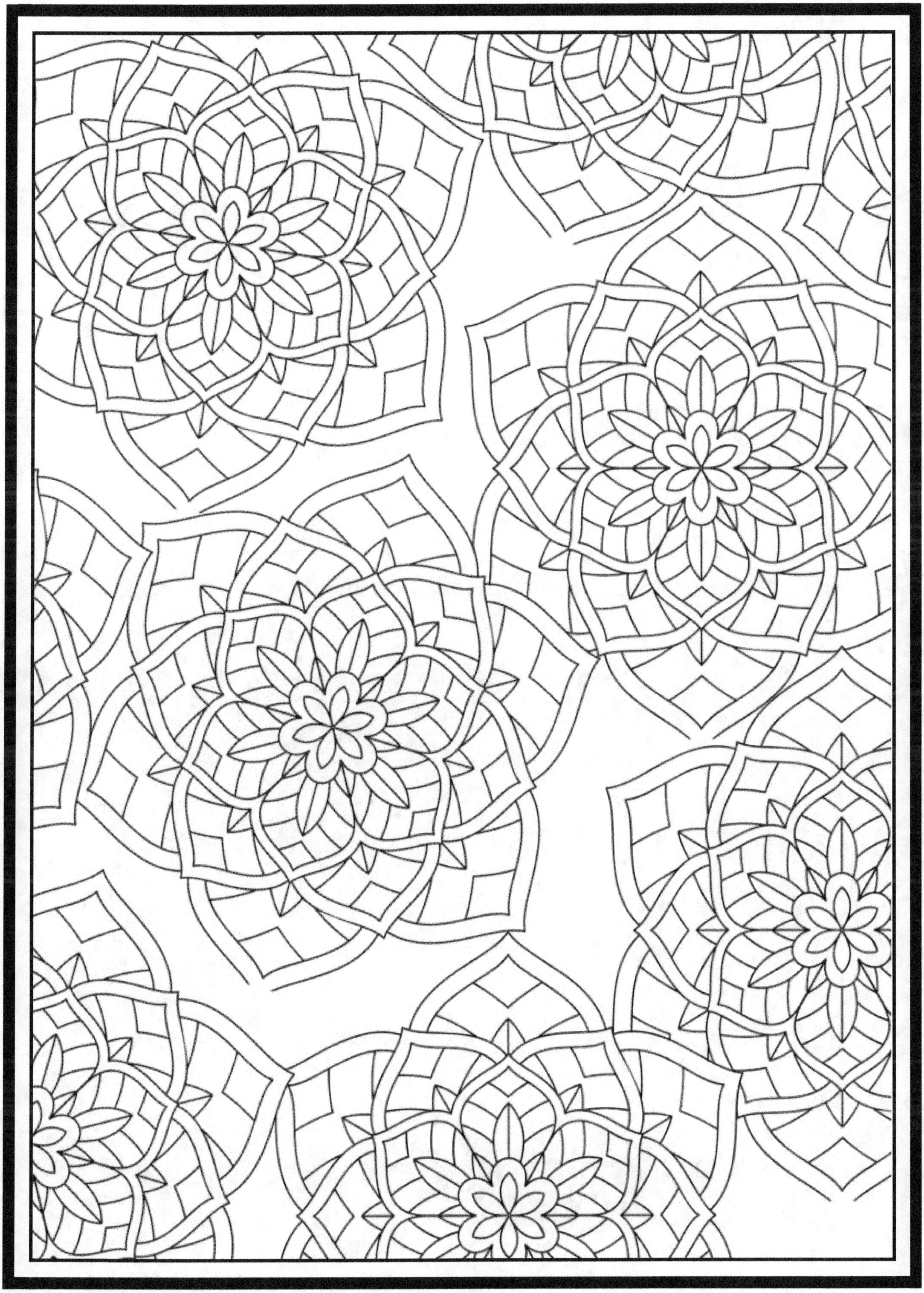

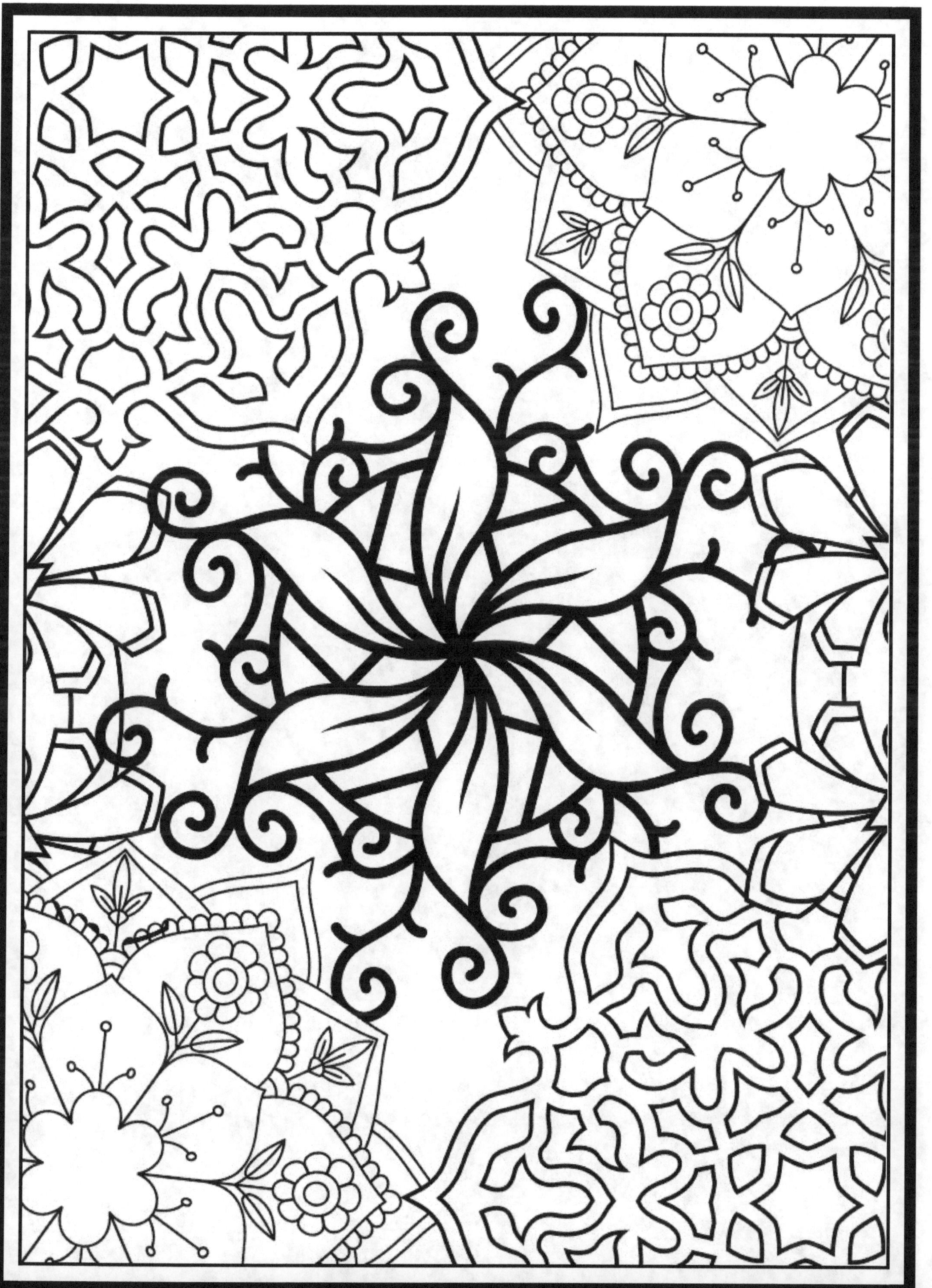

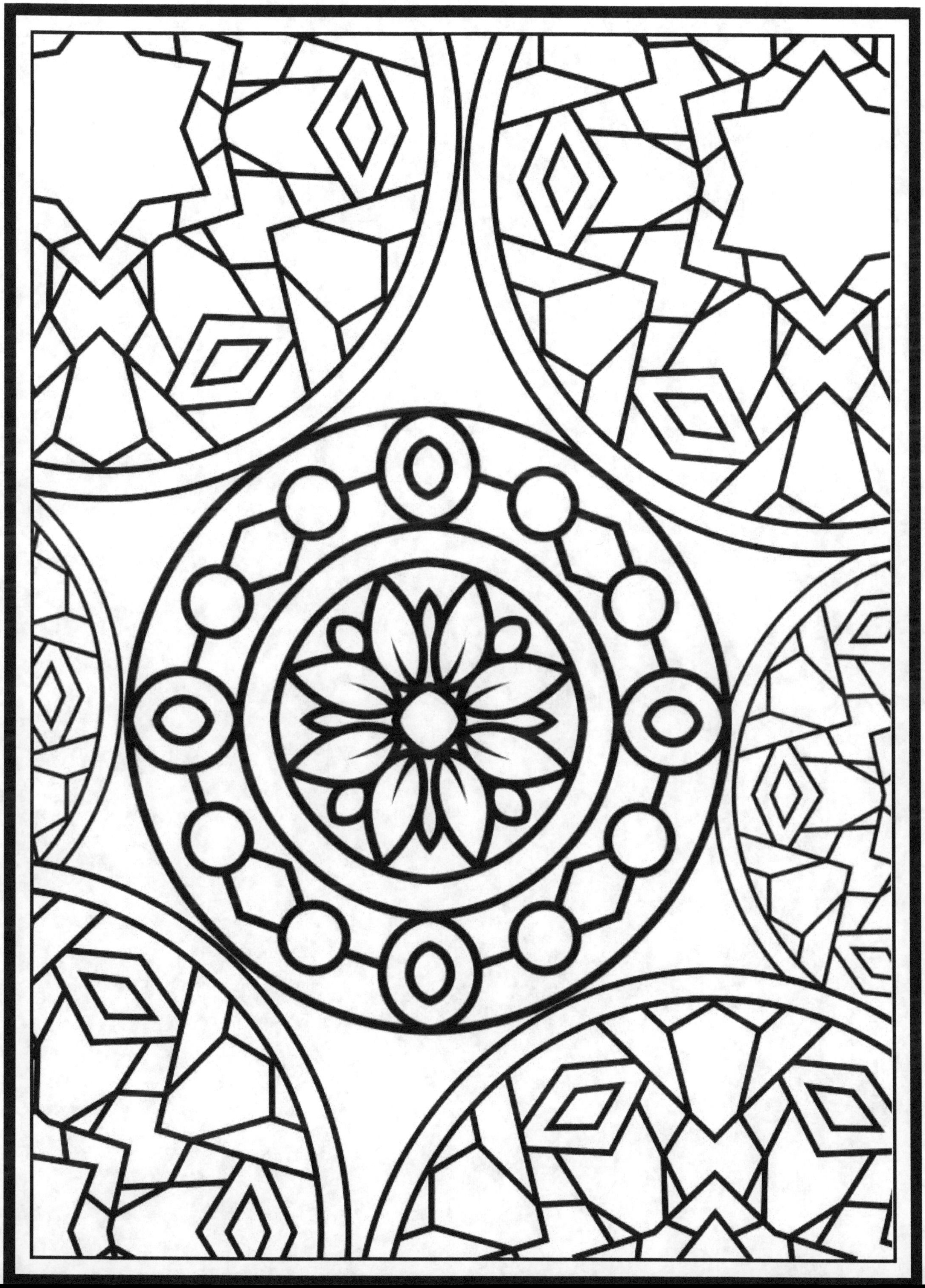

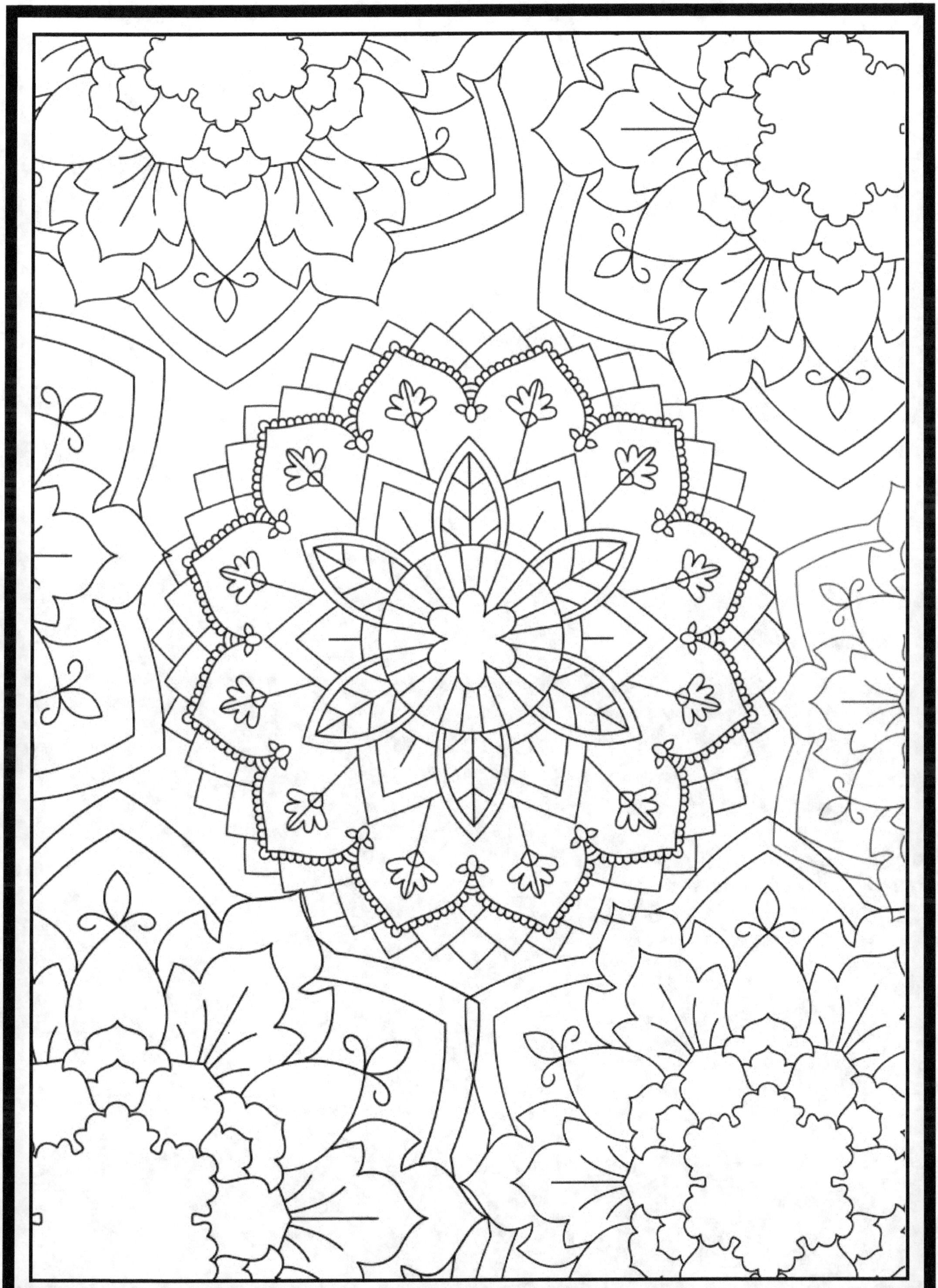

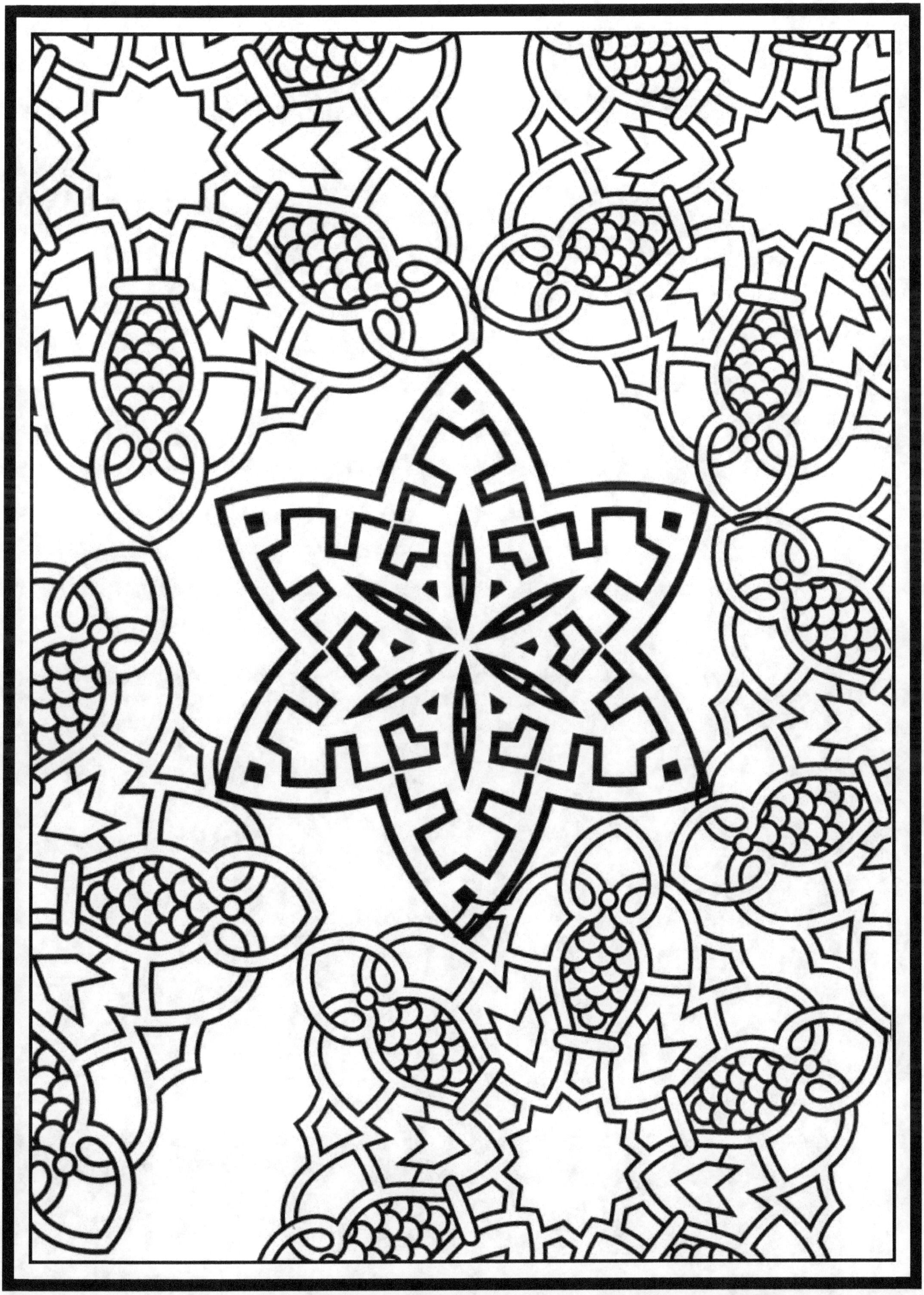

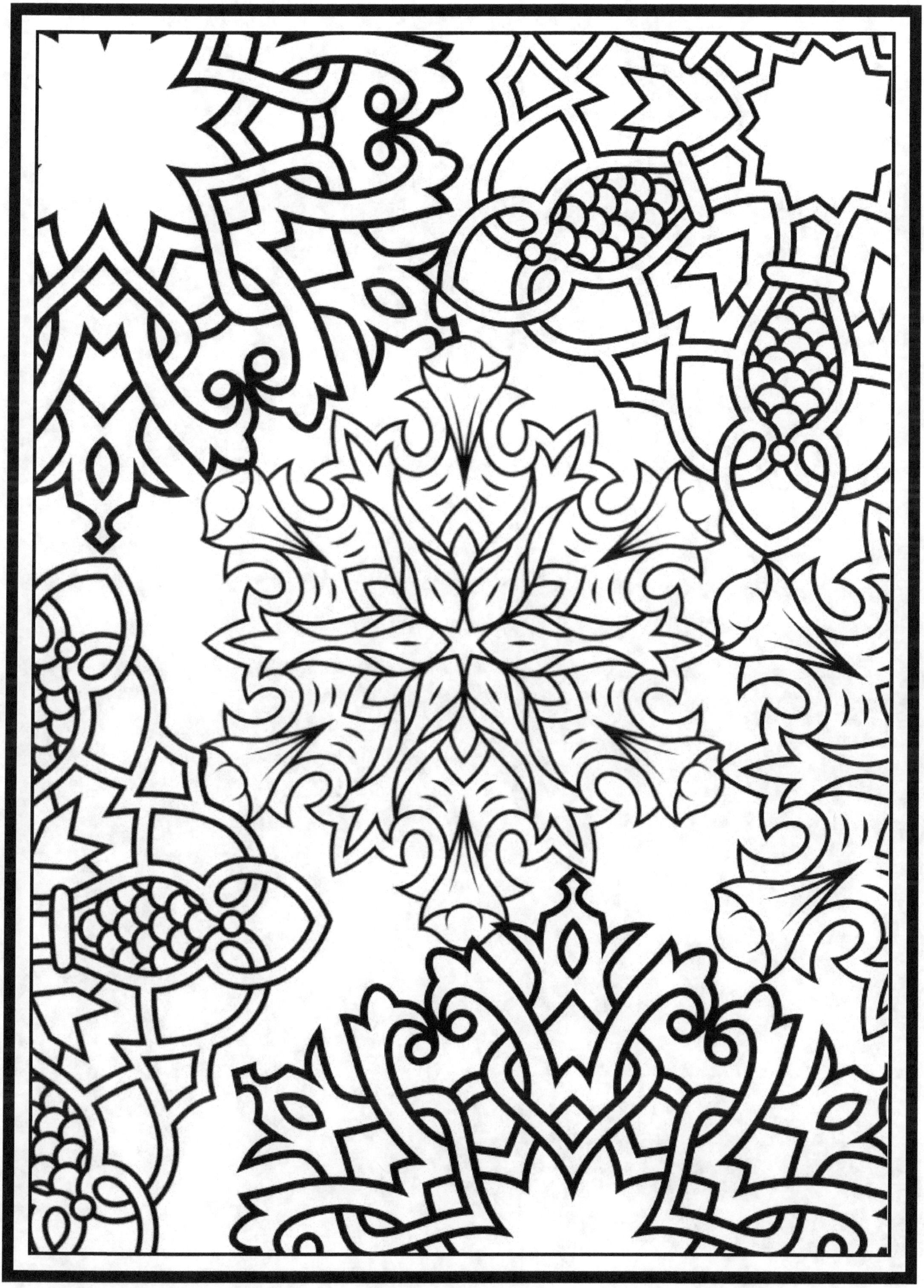

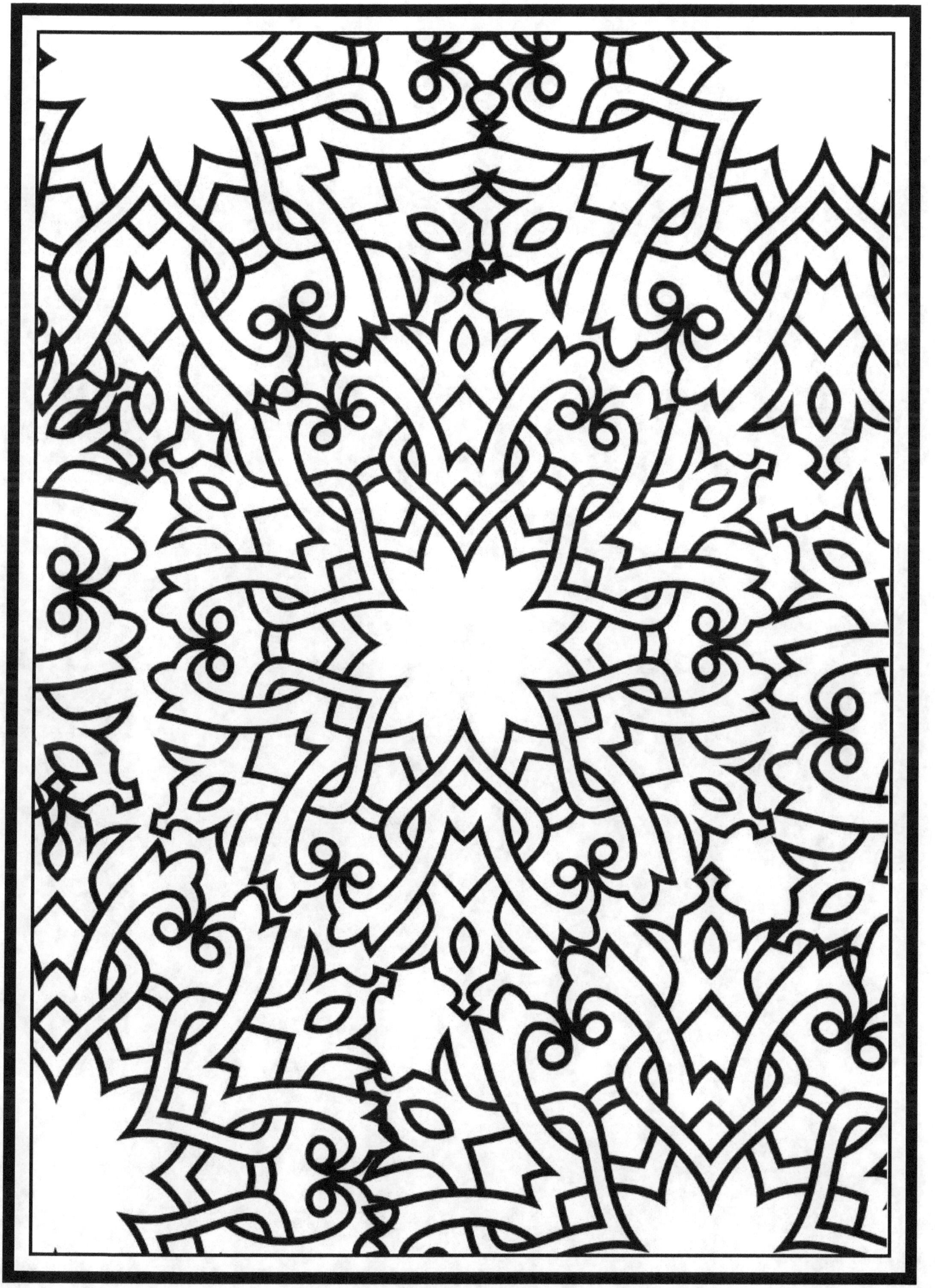

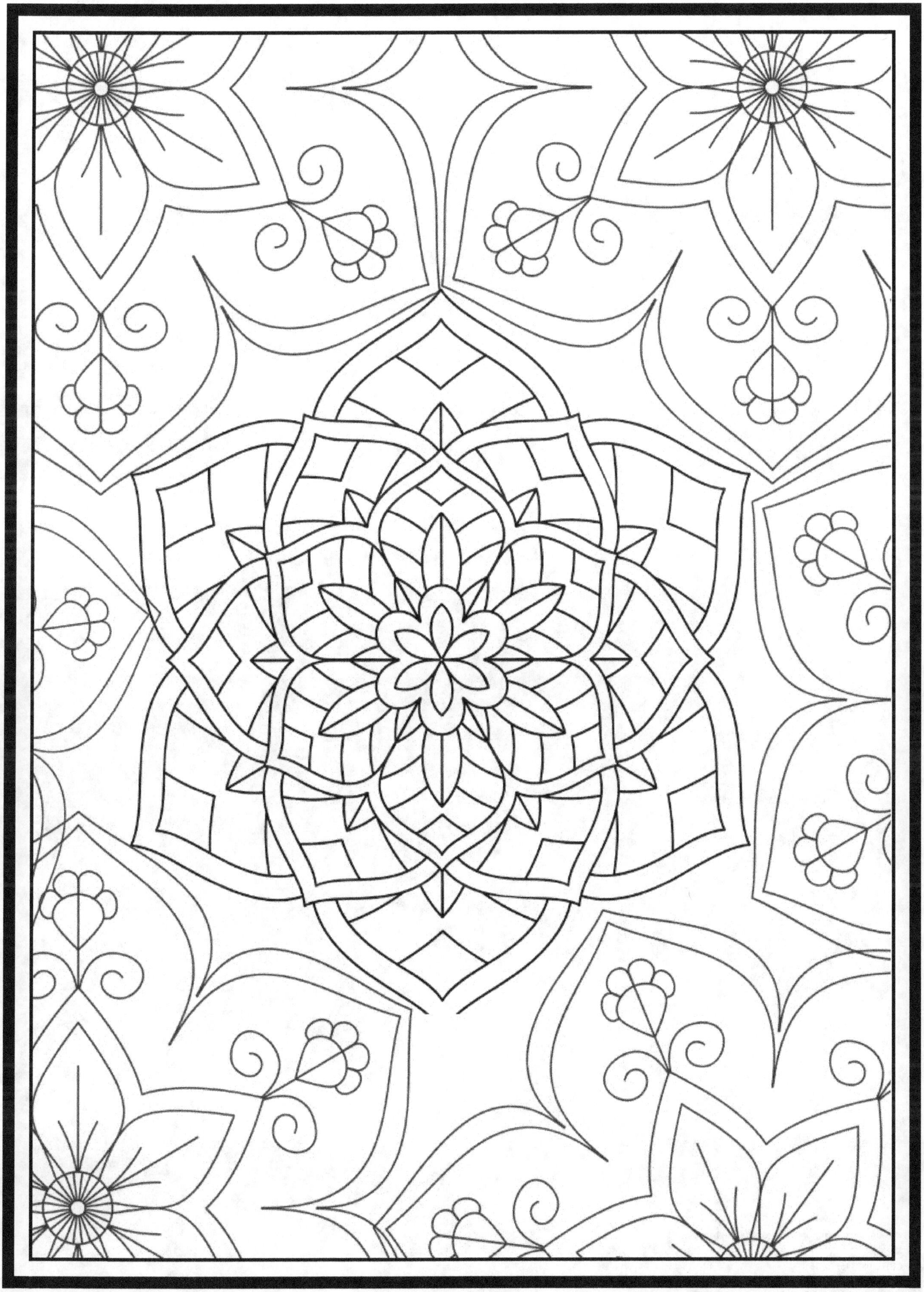

www.ingramcontent.com/pod-product-compliance
Lightning Source LLC
Chambersburg PA
CBHW080846170526
45158CB00009B/2653
* 9 7 8 1 0 8 7 4 3 7 5 0 7 *